Silke Erbert

Dekorative Floristik

für Herbst und Winter

Tippcreativ

Inhaltsverzeichnis

Vorwort

Was ist schöner als der ausklingende Sommer mit den tollsten Farben und üppigsten Früchten?

Ein bisschen von dieser Stimmung können Sie sich das ganze Jahr bewahren, indem Sie einige bunte Herbstdekorationen für Ihr Zuhause basteln. Viele kleine und große Ideen stelle ich Ihnen in diesem Buch vor. Gestalten Sie wunderschöne, individuelle Stücke, passend zu Haus und Einrichtung und für jeden Geschmack.

Auch das selbst gefertigte Blumengeschenk ist etwas sehr Persönliches und findet mit Sicherheit großen Anklang. Auch die Kleinen habe ich nicht vergessen. Basteln Sie für oder mit Ihren Kindern die frechen „Gestecke" nach.

Ich wünsche Ihnen nun gutes Gelingen und viel Freude an den fertigen Stücken.

Ihre Silke Erbert

So wird's gemacht

Material

Eine Klebepistole und Klebesticks, eine scharfe Schere zum Schneiden von Bändern, eine Bastel- und Floristenschere, mit der auch Draht geschnitten werden kann, Blumenstieldrähte in verschiedenen Stärken, Blumenbindedraht für Kränze

und die Befestigung von Sträußen, ein Messer zum Schneiden von Steckschwamm- blöcken, grünes Blumenband zum Verzieren der Blumenstiele eines Straußes, ein Seiten- schneider zum Schneiden von dicken Drähten.

Klebepistole

Sowohl für Anfänger als auch für Fort- geschrittene ist das Arbeiten mit der Heiß- klebepistole unerlässlich, da Sie in kürzester Zeit selbst schwere Dinge damit spielend leicht befestigen können. Falls zum Beispiel ein Strauß nicht so gut gelungen ist, kleben Sie einfach nachträglich mit Hilfe der Heiß- klebepistole noch das ein oder andere Stück hinein. Achten Sie nur besonders gut darauf, dass Sie sich nicht verbrennen, insbesondere wenn Sie mit Kindern arbeiten.

Das Andrahten

Angedrahtet wird zum Beispiel, wenn Sie einen fehlenden Stiel ersetzen oder einen zu kurzen verlängern wollen. Zur Verlängerung nehmen Sie einen Stützdraht, biegen das obere Drittel zu einer U-Form, legen ihn an den jeweiligen Stiel an und winden das längere Drahtstück um Stiel und Draht. Wollen Sie ein beliebiges Material waagerecht verwenden, haben aber keinen Stiel, gehen Sie auf die gleiche Weise vor. Der Draht wird in diesem Fall waagerecht umgebogen.

Grundsätzliches

Für alle Gestecke, Tüten, Körbe etc. brauchen Sie grundsätzlich immer eine Basis, auf der Sie arbeiten können, und das ist hauptsächlich der Trockensteckschwamm. Alle Blumen, Zweige und Figuren werden auf oder in den Steckschwamm geklebt oder mit Draht darauf befestigt. Fast alle von mir vorgestellten Objekte haben eine solche Basis, die nicht extra benannt wird.

Mit ein bisschen Übung werden Sie feststellen, wie einfach und schnell Sie mit solchen Hilfsmitteln arbeiten und wie Sie diese am besten einsetzen.

Kleiner Kräutergarten

Sie brauchen:

1 Metalljardiniere, 2 Kamillenzweige,
Plastikgras, Plattenmoos, 1 kleiner Spaten,
1 Holzschild, Ast.

Sie brauchen:

1 Metallröhre, 1 kleiner Spaten,
1 Kamillenzweig, Naturbast,
gelbes Juteband, Plattenmoos,
Plastikgras, Ast.

Tipp:

Als Aufhängung dient der Bast,
er wird mit Heißkleber unter das
Juteband geklebt (siehe oberer
Rand Metallröhre).

Sie brauchen:

1 Keramikgefäß, 1 Keramikkürbis, Sonnenblumenpick, kleine Pilze, Naturbast, Plattenmoos, orange-farbenes Dekoband (ca. 50 cm).

Sie brauchen:

3 Keramikkürbisse, Sonnenblumen-köpfe, Flachsfaser, Rebenzweig, Beerenpick, grünes Heu, grüner Effektdraht.

Viele bunte Kürbisse

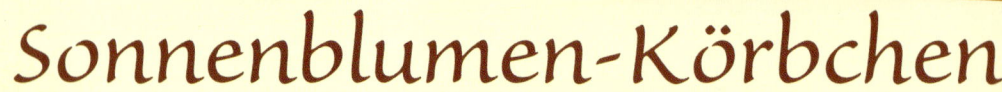

Sonnenblumen-Körbchen

Sie brauchen:

1 Rebenkorb, 2 große Sonnenblumenrispen,
1 Amaranthuszweig, 1 blaue Hortensie,
mehrere Zitronen, Moos, Ast.

Tipp:

Drahten Sie die Blätter von Hortensie
und Sonnenblume an, um die Korbränder
damit zu füllen.

Rund um die Rose

Sie brauchen:

1 Styroporring (25 cm Ø), 1 Packung weiße Rosenköpfe
und mehrere kleine Rosenpicks, Flachsfaser, Moos, Naturbast,
Juteband (ca. 1,2 m).

Tipp:

Drahten Sie die Rosenköpfe an und kleben Sie
sie zusätzlich mit abgekühltem Heißkleber auf
den Kranz. Die Lücken füllen Sie mit
Moos und Flachsfaser.

Sie brauchen:

1 Bogen Naturpapier, 2 Rosenpicks, 2 Beerenpicks,
1 Hortensienblatt, Moos, Flachsfaser, Naturbast,
etwas Juteband.

Tipp:

Aus jedem beliebigen Papier können
Sie dekorative Tüten formen und diese
zu kleinen Kunstwerken verarbeiten.

Ideen aus Draht

Kerzendekoration

Sie brauchen:

1 Glasgefäß, 1 Keramikkürbis, Sonnenblumenköpfe, 1 Beerenrispe, grünes Heu, Flachsfaser, Plattenmoos, 1 Kerze, 1 Stück Karton, grüner Effektdraht.

So wird's gemacht:

Schneiden Sie ein passendes Stück Karton als Glasdeckel und umwickeln es mit Moos und Draht, bis alles verdeckt ist. Nun können Sie das Glas dekorieren und den Moosdeckel darauf kleben.

Alles gut verpackt

Sie brauchen:

1 Einmachglas, Efeublätter,
1 gelbe Rosenrispe, kleine Pilze,
1 Keramikkürbis, 1 Beerenpick,
grünes Gras.

Sie brauchen:

1 Weinflasche, mehrere Hortensien-
blätter, Sonnenblumenpick,
kleine Pilze, grünes Gras, Beerenpick,
2 orangefarbene Cannastäbe,
2 Styroporkürbisse, Naturbast,
orangefarbenes Satinband (ca. 1,5 m).

Tipp:

Bekleben Sie einfach Flaschen und
alte Gläser mit verschiedenen
Blättern, und Sie haben eine ganz neue
Optik und ein preiswertes Gefäß.

Sie brauchen:

3 Reagenzgläser, 2 Kürbisse
mit Stiel, orangefarbener Bastelfilz,
Flachsfaser, Paillettenblumen,
Spinnennetz, pinkfarbenen
Effektdraht, Spinnfaser,
Aludraht, orangefarbenes
Satinband (ca. 1 m).

Tipp:

Schlingen Sie den Aludraht vorsichtig um
die Gläser und bekleben Sie diese zusätzlich rundum mit einem Stück Bastelfilz,
dann kann nichts mehr wackeln.

Ideen für die Kleinen

Sie brauchen:

1 Glasgefäß, 1 Teelichtglas, mehrere Keramikkürbisse, Paillettenblumen, kleine Blüten, Flachsfaser.

So wird's gemacht:

Ordnen Sie die Kürbisse nebeneinander so an, dass das Teelicht im Mittelteil sitzt, und kleben Sie die Kürbisse jeweils mit einem Punkt Heißkleber zusammen.

Ideen für die Kleinen

Sie brauchen:

1 Filztasche, 1 Keramikhexe,
2 Holzkürbisse, Zauberwatte,
Flachsfaser, Sommerfliederzweig,
Naturbast, Spinnfaser.

So wird's gemacht:

Schneiden Sie ein Loch in die
Tasche und kleben Sie ein Stück
Steckschwamm auf den Taschen-
boden. Der Boden wird mit
Zauberwatte bedeckt und die
Hexe darauf geklebt. Die übrigen
Materialien können Sie gemäß
Foto dekorieren.

Sie brauchen:

Ein mit Juteseil umwickeltes Gefäß,
mehrere Sonnenblumen,
1 Keramikhexe, mehrere Pilze,
Sommerfliederzweig, Flachsfaser,
Plattenmoos, Rebenast,
Spinnfaser.

Sonnenblumenkranz

Sie brauchen:

1 Strohkranz (25 cm Ø),
frische Buchsbaumzweige,
mehrere Sonnenblumenzweige,
2 Keramikkürbisse, kleine Pilze,
1 Beerenpick, Obst, Naturbast,
Plattenmoos, Juteband (ca. 50 cm).

So wird's gemacht:

Befestigen Sie zuerst den Bindedraht am Kranz und brechen Sie
dann kleine Zweige aus dem
Buchsbaum. Legen Sie die
Zweige jeweils von der Innenseite
des Kranzes zu der äußeren Seite
an und umwickeln Sie die Zweige
mehrmals mit Draht.
So fahren Sie fort, bis der Kranz
vollständig bedeckt ist.
Dann können Sie
wie auf dem Foto
dekorieren.

Kleines Sonnenblumengesteck

Sie brauchen:

1 Terrakotta-Topf, 1 Sonnenblume, 1 Ast,
Naturbast, Moos, grünes Gras.

Herzhänger

Sie brauchen:

3 verschieden große Moosherzen,
1 orangefarbene Dalienrispe, mehrere
Sonnenblumen, kleine bunte Äpfel,
1 Beerenzweig, Naturbast, orange-
farbenes Satinband (ca. 1 m).

Eine dicke Kugel

Sie brauchen:

1 Styroporkugel (12 cm Ø),
Sonnenblumenköpfe,
1 Reagenzglas.

So wird's gemacht:

Höhlen Sie die Styroporkugel
so aus, dass das Reagenzglas
eingeschoben werden kann, und
flachen Sie den Kugelboden
etwas ab, damit die Kugel stehen
bleibt. Die Sonnenblumenköpfe
können Sie mit Hilfe der
Heißklebepistole festkleben,
nur muss der Kleber leicht
abgekühlt sein, damit sich die
Styropormasse nicht auflöst.

So wird's gemacht:

Schneiden Sie die Stiele in Einzelteile ausein-
ander und drahten Sie die zu kurzen Teile an.
Formen Sie aus dem Gras und der Flachsfaser
kleine Kugeln und drahten Sie diese ebenfalls
an. Nun beginnen Sie nach und nach, immer
abwechselnd, die verschiedenen Materialien zu
einem Strauß zu binden. Zum Schluss wird der
Strauß mit den starren Blättern unterlegt und
mit Bindedraht sehr fest zusammengebunden.

Sie brauchen:

1 Sonnenblume, 2 Kornblumen-
zweige, 3 Kamillenzweige,
Kleinblütenbusch zum Füllen,
grünes Gras, Flachsfaser,
Naturbast, 3 große starre
Blätter als Straußmanschette.

Feld und Wiese

Sie brauchen:

1 mit Juteseil umwickelten Topf,
3 Kornblumenzweige, 1 Kamillenzweig,
Kleinblütenbusch zum Füllen,
Naturbast, Flachsfaser.

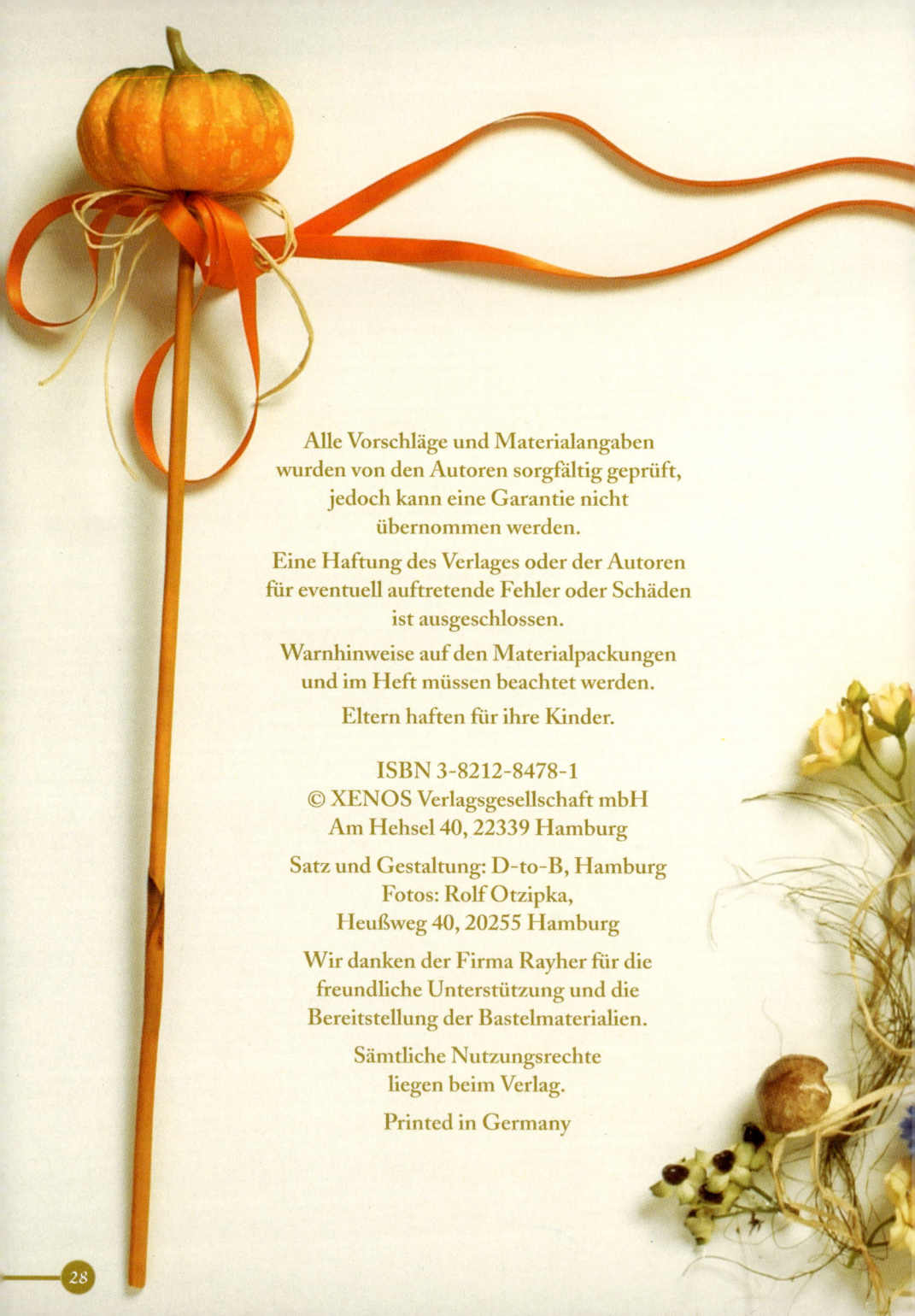

Alle Vorschläge und Materialangaben
wurden von den Autoren sorgfältig geprüft,
jedoch kann eine Garantie nicht
übernommen werden.

Eine Haftung des Verlages oder der Autoren
für eventuell auftretende Fehler oder Schäden
ist ausgeschlossen.

Warnhinweise auf den Materialpackungen
und im Heft müssen beachtet werden.

Eltern haften für ihre Kinder.

ISBN 3-8212-8478-1
© XENOS Verlagsgesellschaft mbH
Am Hehsel 40, 22339 Hamburg

Satz und Gestaltung: D-to-B, Hamburg
Fotos: Rolf Otzipka,
Heußweg 40, 20255 Hamburg

Wir danken der Firma Rayher für die
freundliche Unterstützung und die
Bereitstellung der Bastelmaterialien.

Printed in Germany